気くばりのツボ

気くばりのツボ

山﨑拓巳

はじめに

自分を変える気くばりのツボ

僕は学生時代、人間関係に自信がありませんでした。
どうすればいいんだろう？
僕がいけないんだろうか？
相手がいけないんだろうか？
いまいち自分自身のことも好きになれませんでした。

あるときから、自分のキャラクターを変えてみることに興味を持ちました。

気くばり上手な人たちを研究して、彼らの行動パターンをマネはじめたのです。

たとえば挨拶をちゃんとするように心がけたり、人の話を一生懸命聞くようになったり、友だちの記念日にお祝いを贈るようになったり、雨に降られた人に「駅まで送ろうか?」と声をかけたり。

最初のうちは照れくさかったし、それなりに勇気もいりました。

みんなにからかわれたり、「下心があるんじゃないか?」と疑われたこともあります。

でも、外野の声は気にしませんでした。

ずっとその態度を続けていれば、いつかそれが自分自身のキャラクターになる。

気くばりをするクセが、だんだん自分の体になじみ自然になっていく。

そして新しく知り合った人は、新しく生まれ変わった僕を「僕そのもの」と思ってくれる。そこからまた新しいお付き合いがはじまる。そう信じていたからです。

本書『気くばりのツボ』は、僕がゆっくり時間をかけて見つけたコミュニケーション術です。

ここには現在あなたと関わりのある人、これからあなたと出会う人、そしてあなた自身に喜んでもらうための、ちょっとした心がまえが書かれています。

誰でも簡単にできることばかりなので、ぜひ明日から実践してみてください。

あなたを変化させる扉は、日常生活のさりげないところに潜んでいます。
その扉をひとつ、ひとつ開けるたびに、新しい自分と出会えることでしょう。

気くばりのツボ

目次

気くばりのツボ

周りの雰囲気を良くするツボ

1

それ、いいじゃん！

小さな「いい変化」に気づく力。

使用例

後輩に…

「あれ？髪型変えたの？」
「はい」
「いいじゃん！かなり可愛いじゃん！」

友だちに…

「あれ？新しいバッグ買ったの？」
「ううん。お姉ちゃんからもらったの」
「へえいいじゃん、姉妹そろってオシャレだね」

上司に…

「あれ？やせました？」
「ああ、最近ジムに通いはじめたからね」
「いいですね、ずいぶん精悍な顔つきになりましたよ」

ポイント

■誰かと会ったらまず「どこか変わった所はないか？」をチェック。
■「小さな変化」を見つけたら、すかさず口にする。

誰だって、自分に一番興味があります。

集合写真ができ上がってきたら、まず自分が写っている姿を探すものです。

でも、あなたが思っているほど、他人はあなたに興味を持っていません。だから、髪型やファッション、体型など、自分の「ちょっとした変化」に気づいてくれる人は、自分にとって特別な存在に思えるんです。その人のためだったら「ひと肌ぬいであげたい」と思う人もいるでしょう。

ふだんから周囲の人を観察してみてください。

そして変化に気づいたら照れずに、惜しみなく口にしてみてください。

「最近、仕事がんばってますね」

「最近、綺麗になりましたね」

「最近、元気そうですね」

そんなふうに「いい変化」に気づくようになると、まわりがじょじょにあなたを信頼してくれるようになります。大事な仕事をまかせてもらったり、交渉がスムーズに進むこともあるでしょう。

照れくさい人は、照れながらほめる。

好意を集めるツボ

2

すっごいうれしい！

なにかしてもらったら、
思いっきり喜ぶ。

使用例

相手「おたんじょうびおめでとう！」
あなた「おおおお！ありがとう！」
（お腹の底から大喜び）
相手「はい、これ」
（包みを渡される）
あなた「えっ！わ～！開けていい？」
（好奇心を全開）
相手「開けていいよ」
（包みを開けて、本気で驚く）
あなた「うわおおお！すごい！うれしい！ありがとう！」

ポイント

■誰かの「あなたを喜ばそう」という好意を見逃さないこと。
■好意を見つけたら大喜び！お返しもお忘れなく。

プレゼントをあげて、すごく喜んでもらえたら、嬉しくなります。嬉しいから、すごく喜んでくれる人を、またまた喜ばせたくなります。

これは物だけじゃなく、情報も知識も人も同じです。

とにかく「すごく喜ぶ人」の所には、素敵なものがあちこちから集まってくるんです。

だから、というわけではありませんが、おすすめの映画を紹介してもらったとき、誕生日プレゼントをもらったとき、仕事のコツを教わったとき、食事に誘ってもらったとき、面白い人を紹介してもらったとき…いつでも喜びの気持ちを言葉や態度で「思いっきり」示すことが大事。

たとえいただいたものが、あなたにとって趣味が合わなかったり、あまり必要のないものでもなんのその。あなたに「なにをしてくれたのか」は問題じゃないんです。「なにかをしてくれようとする好意」そのものが貴重なんです。

逆に相手が照れてしまうくらい、大げさでもいい。相手の好意にしっかり気づいて、照れずに「ありがとう！」「うれしい！」と伝えましょう。

あなたへの好意は、あなたが喜ぶほど集まってくる！

相談に乗るツボ

3

オウム返し

相手のセリフをそのまま
疑問符をつけて投げ返す。

使用例

相手　「こないだの話、ポシャっちゃって」
あなた　「うーん、ポシャっちゃった」
相手　「えらい問題になってるんですよ」
あなた　「ほー、問題に？」

…つづく

ポイント

■「さあ聞きますよ」というおおらかな気持ちを持つ。
■話のポイントとなる言葉に、「？」をつけて聞き返す。もしくは、相手の言葉をそのまま投げ返す。
■目はハッキリと開く。うなずくときは大きな動作で。
■会話の流れが途切れたら、すかさず次の話題を提供する。

人からなにか相談されたとき、あなたはどんな風に対応してますか？

「それはこうこうこうだよ」と助言しても、なかなか「はい、わかりました」と素直に受け入れてはもらえないもの。

たいていは「いやたしかにそうなんだけど…」と、ひどい場合は「そんなの、言われなくてもわかってるよ！」と怒らせてしまい、いずれも解決にはつながりません。

答えを教えてあげることが、いつも正しい対応だとは限らないんですね。

人は誰かに悩みを打ち明けるとき、相手からの答えではなく、むしろ「自分で答えを見つけるきっかけ」を求めています。

だから人から相談を持ちかけられたら、いきなり答えようとしないで、まずは「会話のサーブ権」をすべて相手にゆずってみましょう。どんどん喋らせてあげることで、相手の口からいきなり解決策が飛び出すことがあります。

これは問題を心に抱えたままか、外に出すかの違い。

たいていの悩みは言葉にするだけで、客観的なものとなり、自分で解決できるものなんです。

A…悩んでいる友だち
B…親身なあなた

A「やばいことになっちゃったよ」
B「ほー、やばいことになっちゃったの？」
A「マジで、いきづまってる」
B「あらら、いきづまってる」
A「いや、解決策はひとつだけあるんだ」
B「へー、ひとつだけあるんだ」
A「やっぱり、それをやるしかないかな…」
B「やるしかない？」
A「そうなんだよね。そうしよう！」

実際こんなにうまくいくとは限りません。でもこうした方が、相手に喜んでもらえることが多いです。迷っていた人が答えを見つけます。落ち込みぎみの人が元気になってくれます。ときどき「ありがとう。キミは本当に説得力のある人だ」なんて、お礼まで言われちゃうこともあります。なんにも答えてないのに不思議。

※ただし露骨にやりすぎると、漫才みたいになるので要注意（笑）

相談を持ちかける人は、はじめから答えを知っている！

すみやかに和解するツボ

4

きみも正しい

意見が対立したら、
相手を認める。

使用例

パターン①

相手　「これは白じゃないかな」

あなた　「いや黒だと思うけど」

相手　「いいや絶対に白だよ」

あなた　「なるほど。君の話を聞いているうちに白だというのも正しく思えてきたよ。でも黒っていうのも正しく感じるんだけど…どうかな？」

パターン②

相手　「これは白じゃないかな」

あなた　「いや黒だと思うけど」

相手　「いいや絶対に白だよ」

あなた　「そうか、たしかに白かも？」

パターン③

相手　「これは白じゃないかな」

あなた　「いや黒だと思うけど」

相手　「いいや絶対に白だよ」

あなた　「なんで白だと思うの？」

相手　「昔からずっと白だったからだよ」

あなた　「昔ってどれくらい昔？」

相手　「10年くらい前」

あなた　「ああ、10年前っていえば、ちょうど僕たちが初めて出会った頃だよね」

相手　「そうだね」

あなた　「あの頃、君は何をしてたっけ？」

ポイント

■意見が分かれたら状況に応じて、次の3パターンの方法から解決の糸口を見つける。

①相手を認めるけど、自分も認めてもらう。（ドローから展開）

②あっさり相手を認める。（負けから展開）

③話題を自然に変える。（戦わない）

話し合いのときに、お互いが「正しい」と思って真剣にぶつかり合えば、激論に発展します。そうなると勝ってても負けてもなんとなくシコリが残るもの。だからもし意見が対立しても、相手を論破することはおすすめしません。

話し合いの目的は戦うためではなく、同意を得るためです。なのにケンカ別れしてしまったら本末転倒ですよね。

だからお互いに一歩も譲らず、嫌なムードが漂いはじめる前に、あなたから先に解決の糸口を探ってみましょう。

いろいろありますが、おすすめなのがドローに持ち込む方法です。「あなたの意見も正しいと思うし、僕の意見も正しいと思う」という一時的な決着をつけて、結論は次回まで持ち越します。そうすることで、相手の心の中に「自分の意見を正しいと言ってくれるんだから、この人の意見も正しいのかも」という歩み寄りの気持ちが働きます。

また、あなたから折れてしまうのもひとつの方法です。「なるほど、ボクが間違っていたよ、キミが正しい」とあっさり意見を引っ込めてみる。すると激論を覚悟していた相手は「おかしいな？」と思います。その「おかしいな？」という感覚が、「なるほど、この人の言い分もありだよな」という考えを持つきっかけにもなります。

最後は、完全に話題から遠ざかってしまう方法。「なんでそう思うの？」という質問を繰り返しながら、じょじょに話題を違う方向に導きます。これはとりあえず時間をおいて、冷静になった方がいいと思ったときや、意味のない対立だと思ったときに有効です。

とにかく、会話は常に勝たなくていいんです。

優勢じゃないとなにかをなくすような気がして不安なときもありますが、人間関係はずっと続くもの。長い目で見れば、そのときそのときの会話に負けても、手に入るものがたくさんあります。大切なのは、お互いのプライドを傷つけず、いい関係を保ちながら、成長していくことなんですから。

やがて時間が経過していく中で、みんながあなたの良さに気づいていくでしょう。

本当にすごい人は、「負ける余裕」がある。

印象に残る会話をするツボ

5

興味シンシンの目

会話をするとき、見つめる場所を変えてみる。

使用例

相手のここらへんを見て会話する。

（目と目の中間のちょっと下、相手の鼻のちょっと上あたり）

ポイント

■毎朝1分間、鏡の前で〝興味シンシンの目〟を練習する。「へえええ！」とか「ほおおお！」とか、声に出してリアクションしてみると効果大。

■誰かと〝興味シンシンの目〟で話してみる。このとき、相手の目は直視しない。

■自分の意見を通したい瞬間に、相手の目を見る。または視線をはずす。

興味シンシンの目は絶対マスターした方がいいです。

いつもの目じゃありません。へええっていう目。ほおおっていう目。相手に「すごく聞き込んでいる」という印象を与える目。

この目ができるようになれば、みんなはもっとあなたに好意を持ってくれるし、あなたの意見を聞き入れてくれるようになります。一生懸命お世辞を並べ立てたり、論理ずくで話すよりもよっぽど効果的です。

そして人はじっと見つめられると喋りにくいものだから、相手の目はあまり直視しないようにします。話を聞くときに目と目の中間のちょっと下、相手の鼻のちょっと上あたりに視点を置くといい感じ。これでふたりの「見えない壁」が薄くなり、お互いに思ったことを喋りやすくなります。

慣れてきたら、目の動きにも変化をつけてみましょう。

あなたが「本当に伝えたいこと」を伝えるタイミング、つまり「お願いします」とか「こう思うんだよ」と言う瞬間だけ、パッと相手と目を合わせます。

反対にわざと視線をそらしたり、そのまま席をはずしてみるのも効果的です。そのひと言にインパクトが加わって、相手の心にいつもより深く伝わるでしょう。

いまいちピンとこない人は、TVドラマのワンシーンなどを参考にしてみて。取調べ中の刑事がおもむろに席を立ち、渋い表情を窓の外に向ける。そして独り言のように「おまえの母さん泣いてるぞ」とつぶやく。あの感じです。

目でドラマを作ろう。

仲間を増やすツボ

6

おねがいごと

お近づきになりたい人に、
まずなにか頼んでみる。

使用例

相手　「あの歌、本当にいいですよー」

あなた「今度、そのCD貸してもらえませんか？」

相手　「ラーメンが大好きで、日本中のお店をまわってるんですよ」

あなた「あ、じゃあ今度旅行に行くので、おすすめのお店教えてください」

相手　「あの方の話を聞くと本当に学ぶことが多いんです」

あなた「機会があったらぜひ紹介してくださいませんか？」

ポイント

■「この人と仲良くなりたい」と思ったら、なにか教えてもらう、貸してもらうといった簡単なお願いをしてみる。相手の得意そうな分野だととくにいい。

■「面白かった」「おいしかった」などの結果報告をかねて、今度はこちらから相手に喜んでもらえるようなお礼をする。

誰かと出会って「この人と友だちになりたいな」と思うときがあります。でもいきなり「わたしと友だちになってください!」だと不自然。「なんなんだこの人は?」と怖がられてしまうかもしれない。

ただ親しくなりたいだけなのに、現実はそんなに簡単じゃなかったりする。なにか初対面の人との距離を縮める方法があったらいいのに…。

そんな風に悩んだときは、いきなり相手に「おねがいごと」をしてみましょう。

たとえば音楽や映画の話の流れから、CDやDVDを貸してもらう。美味しいレストランや、面白いイベントなどの話の流れから、もっと詳しい情報をメールで教えてもらう。相手の得意そうなジャンルがおすすめです。とにかく迷惑をかけないレベルの、簡単なおねがいごとをします。それを快く聞き入れてもらえたら、ワンステップ前進です。

今度はこちらがお礼をするべき立場になります。相手に喜んでもらえるような、素敵なお礼をしましょう。これで、親しくなるきっかけが生まれました。

ただしあくまでもきっかけです。はじまったばかりのお付き合いを、その後もずっと大切にしてください。

きっかけは、お礼から。

関係を新鮮に保つツボ

7

つづきはまたこんど

盛り上がった所で会話を
切り上げる。

使用例

(話が盛り上がって、しばらく経った頃合で)

あなた「じゃあそろそろ終わりましょうか」

相手「えー、もっと話そうよ。いま面白いところじゃん」

あなた「まあまあ、『つづきはまたこんど』ということで。来週お会いしましょう」

ポイント

■会話の熱、場の熱が冷めはじめる前にお開きにする。

■次回の約束をスマートに取り付け、相手に期待感を持たせること。

■引き止められても、ダラダラ居座らないこと。

モノには必ず賞味期限があります。

どれだけお気に入りのモノでも、使い続けていればいつか飽きがきます。

これはヒトも同じで、何度も会って喋っているうちに、だんだんお互いの関係の賞味期限が切れていきます。で、だんだん、次また会うことにワクワクしなくなってきます。これは毎回、その人と「おなかがいっぱい」になるまで喋っている証拠なんです。

あなたは心当たりありませんか。さんざん面白い話をして、すごく盛り上がって、最後は「あーあ」って疲れ切ってしまう。もしそうだと、次またその人と会うとき、無意識のうちに少し気が重くなっているんです。

たとえば「さあこれから会議だ」という場面を想像してみてください。

前回の会議が、いい感じだったけど潮時を間違えて、アイディアが煮詰まった時点で終わっている。または、いいアイディアが出て盛り上がった時点で終わっている。どっちが次の会議に元気良くのぞめるかはハッキリしてますよね。

今度から「会話は腹八分目（七分目でもいい）」と決めて、サクッと切り上げちゃってください。盛り上がってきたところでキッパリと。「もうちょっと喋りたい」「もうちょっと長く居たい」と思うタイミングくらいでちょうどいい。そうすれば、お互いが「また会いたい人」「また話したい人」「また触れたい人」という印象を持ってバイバイできるはずです。そして次また会えることが、本当に楽しみになります。

仕事でも遊びでもそうだけど、一度のおしゃべりですべてを伝えきろうとしないこと。自分が知っていることを全部発表しようとしないこと。「つづきはCMの後！」じゃないけど、ちょっと我慢して、次回に期待を持たせていくのが大事なんです。

去り際の美しい人は、いつまでも新鮮。

「もう一度会いたい人」になるツボ

8

ありがとうメール

帰り道に必ずメールを送る。

使用例

本日はお忙しいところ、わざわざ予定を空けてくださって本当に有難う御座います。あまりにも楽しい時間を過ごすことができて感動しています。またお会いできることを心より楽しみにしています。

今日は忙しいのに予定をあけてくれてありがとう。すごく楽しかった。(^_^)

今日ﾚ£ﾚヽ ξヵﾞUﾚヽ σﾚ二、時間あﾚﾅτくяё
τ廾ﾝ≠ュ☆　£⊇〃くﾅ二σUヵゝτッﾅ二∋!

（訳）今日はいそがしいのに時間あけてくれてサンキュ☆
すごくたのしかったよ！

ポイント

■パーティーや食事会、打ち合わせなどの帰り道、出会った人にメールか電話で「今日はありがとう」「今日は楽しかった」という気持ちを伝える。
■なるべく早く連絡する。できれば相手が家に到着する前。
■どんな内容を書くかよりも、忘れずに送ることが大事。

人と会って、喋って、別れた後、あなたはどんな気分ですか？

「我ながらいい感じだったなー」と満足のいく日もあるでしょう。

でも「今日はうまく喋れたかな…」「あんなこと言っちゃって大丈夫だったかな？」みたいな不安を残す日も少なくないはずです。

実はその小さな不安がクセモノ。放っておくと「その人ともう一度会うこと」がだんだん怖くなってきます。そしてそのうち「もう会わない方がいいかも」なんて思うようにもなってきます。

心当たりのある人は、今日から人と会うたびに「ありがとうメール」を送ってみましょう。しかもなるべく早く。できれば帰り道。とくにその日が初対面だった人との関係はあやういものだから、それをこれから太くしていくか、そのまま疎遠にしてしまうかはスピード勝負です。

みんなだって、あなたと同じような不安を持っているんです。家に帰ってきたときに、早速あなたからメッセージが届いていたらきっと嬉しい。

今日はありがとう。すごく楽しかった。

そう言われたら、誰だってちょっといい気持ちになります。「あの人と会って良かった」「またぜひ話をしたいな」と思うきっかけにもなります。

もちろん、いつもいい風に受け取ってもらえるとは限りません。でもそれは別に気にしなくてもいいんです。相手との関係をつなぐために一番大事なことは、その相手とまた会えることを、あなたがちゃんと期待することですから。

会ってくれて、ありがとう！

出会いを無駄にしないツボ

9

こういう者です

会社の名刺以外に、
個人名刺を持つ。

使用例

名前、ニックネーム、住所、電話番号、携帯電話番号、メールアドレスのほかに、職業、誕生日、血液型、出身地、趣味、プロフィール、好きな映画・スポーツ・音楽・食べ物・本などを載せよう。

ポイント

■会社の名刺以外に、仕事がオフのときにも使える個人名刺を作る。名刺は自分で作ってもいいし、デザインが得意な友だちに素敵な名刺を作ってもらってもいい。

■「ちょっとした縁」の人にも名刺を渡す習慣を持つ（ショップの店員さんや飲み屋・クラブで隣に居合わせた人など）。

名刺は交友関係を広げていくためにとても大切なツールです。

すでに仕事で使っている人は多いと思います。

でも会社以外の「個人名刺」を持っている人って案外少ないようです。


会社の名刺は使える範囲が限られています。あまり個人的な情報は載せられないし、くだけた場で渡すには堅苦しすぎる場合もあります。


でも誰かと知り合ったら、メールアドレスや携帯電話番号を交換したい。かといって、わざわざ相手のメモ帳を借りて連絡先を書くのも、こちらからメモに書いて渡すのもなんとなく気がひける。

というわけで「個人名刺」を作って、ふだんから持ち歩くのがおすすめです。

個人名刺には、名前や自宅の連絡先はもちろん、簡単なプロフィールや好きなもの、自分のホームページアドレスなどを載せるといいでしょう。できればデザインも自分らしさをアピールしたいものですね。
どんな人がどこでどうつながって、あなたに幸運をもたらすかわかりません。
新しい人と出会うことに、もっと積極的になってもいいかなと思います。

「ふだんのあなた」を宣伝しよう。

自分を知るツボ

10

行く行く！

パーティーにはなるべく
顔を出す。

使用例

あなた「遅れてごめん！なかなか片付かない仕事があって」
相手「もうパーティー終わっちゃったんだよ。こちらこそわざわざ来てもらったのにごめんねー」
あなた「いやいや、せめて顔だけでも出そうと思って」
相手「次回もぜひ来てね」

ポイント

■忙しくても、行けるパーティーやイベント、飲み会にはなるべく行くことにする。行こうかどうか迷ったら行く。
■遅刻しても顔を出す。
■行けなくなった場合は、自分の身近な人に代理で参加してもらう。

いつもお誘いを断ったり、ドタキャンしている人は、ちょっともったいない気がします。たしかに忙しいときもあるし、なんとなく気乗りしないときもある。それでも呼ばれたパーティーやイベント、飲み会にはたとえ間に合わなくても、少しくらい体調が悪くても、なるべく出席するようにしましょう。

自分を知るには、自分とまったく違うタイプの人、またはそっくりなタイプの人に数多く会うことが大切です。まったく違うタイプの人は、あなたの新しい可能性を引き出してくれます。そっくりなタイプの人は、自分自身を客観視するきっかけを与えてくれます。

固定した人間関係の中にとどまっていると、なかなか本当の自分に気づけないんです。

「知らない人と会って話すことがわずらわしい」というときもあるでしょう。でも「誘われる」ということは、きっとそこにあなたにとって有益な「縁とヒント」があると思うんです。ひょんなことから「いままで自分はなにをやってたんだろう?!」と思わされるような、衝撃の出会いがあるかもしれません。

仕事が長引いて遅刻しても、せめて顔だけは出しましょう。どうしても都合がつかない場合は誰かに代理を頼んで、ちょっとした差し入れを持っていってもらいましょう。お付き合いを大事にしていくことで、いつか「新しい自分」とめぐり会えるはずです。

誘われたら吉日。

さらに相手と接近するツボ

11 話題コレクション

相手の特徴をメールのアドレス帳に記憶させる。

使用例

Yumeya Taro
（顔写真）

名前…夢屋太郎
あだ名…ユメタ
仕事…カフェ勤務
家族構成…両親と姉と柴犬（名前はシバ）
大切にしていること…必ず川の見えるところに住む
おすすめの映画…「レオン」
おすすめの本…『蛇を踏む』
おすすめの音楽…ジャック・ジョンソン

ポイント

■相手との会話やメールのやり取りから、あだ名、仕事、飼っているペット、ファッション…など相手のキャラクターを印象づけるような情報（キーワード）を抜き出す。
■それをメールのアドレス帳（パソコンか携帯電話）に登録しておく。
■次にまたその人と会う前、アドレス帳に軽く目を通しておく。

どれだけ相手のことを知っているか。気にしているか。それによってお互いの心の距離が変わってきます。ほんの些細なことでも、自分のことを覚えていてくれれば嬉しいもの。でも悲しいことに、人の記憶力には限界があります。いろんな人と会う機会が増えるほど、一人一人に関する記憶が甘くなってしまいます。

せっかく再会できたのに、「この人の趣味はなんだっけ？」「名前は覚えてるけど仕事はなんだっけ？」という具合にもどかしい思いをすることもあります。

そこでおすすめしたいのが、メール（パソコンか携帯電話）のアドレス帳機能を使った「話題コレクション」です。

やり方は簡単。過去の会話やメールの内容から、「その人のキャラクターを特徴づけるようなキーワード」を抜き出して、アドレス帳にあるパーソナルデータの欄に登録しておくだけ。たとえば、その人のおすすめの映画や音楽、本、

ちょっとしたことでも、覚えていてくれたらシビレル。

よく行くお店、大切にしているもの、出身地、これから予定しているイベント、飼っているペットなどを、短い言葉で打ち込んでおけばいいんです。

とくに几帳面になる必要はありません。電話で話している最中にちょこちょこメモってもいいし、もらったメールの一部をコピー＆ペーストしてもOK。〝三重県出身〟〝旅行が好き〟〝最近お店をオープン〟という程度のバラバラな情報でも、その人の輪郭を思い出したり、話題を提供したり、会話に弾みをつけるための十分な手がかりになります。

あとやるべきことは、会う前にその人の「話題データ」を確認するだけです。自分のことを気にかけてくれたあなたに、悪い印象を持つはずがありません。

新しいグループになじむツボ

12 あなたのこと聞いてます

さりげなく共通の知り合いの名前を出す。

使用例

あなた「はじめまして」

Aさん「こんにちは」

あなた「ぼく、Bさんにいつも可愛がってもらってるんです」

Aさん「え、Bの知り合いなの？」

あなた「いつもBさんから、Aさんの話を聞かせてもらってますよ。すごい才能を持った人だって」

Aさん「いやいや、そんなことないよ（Bのヤツ、そんなこと言ってくれてんのかあ）」

あなた「Cさんも、同じようなことおっしゃってましたけどね」

Aさん「おお、Cとも会ってるんだ」

ポイント

■新しいグループに飛び込んだら、グループ内の人たちの情報を集める。

■次にまたグループ内の別の人と喋るとき、さりげなくグループ内の他の人のことを話題に出す。

■みんなとの関係を「食事に誘えるレベル以上」まで深める。

新しいグループに飛び込むときは勇気がいります。グループの人たちにしてみても、あなたはヨソ者です。最初のうちはどうしてもお互いに緊張感があります。こちらから「はじめまして、ぼくはこれこれこういう者です」と自己紹介したところで、お互いに「どうも」「よろしく」と言い合っただけでそのまま沈黙、なんてこともあるでしょう。

それが「いつもここの○○さんにお世話になってるんです」と他のメンバーを話題に出すことで、相手は心のトビラをひとつ開けてくれます。さらに「□□さんって面白いですよね」「この前△△さんにもお会いしましたよ」という具合に他のメンバーの話題を複数出せれば、それだけ親密度は上がっていきます。

また、そこで大切なのは「他のメンバーがあなたのことを高く評価していた」という情報をこっそり伝えることです。そのグループにあなたが歓迎されるか否かは、あなたが加わることで「グループ内の雰囲気や関係が良くなるかどうか」がポイントになるからです。

もちろんただの「知り合い」だけを増やしても、それは「人脈」とは呼べません。人脈はお付き合いを続けていく延長線上にあります。ゆっくり時間をかけて、一緒にお酒を飲んだり、遊びに誘ったりして、ちゃんと「友だち」と呼べるレベルまで交流を深めましょう。友だちの基準は「いつでも食事に誘える人」だと考えるとわかりやすいです。

あの人の知り合いなら、きっと大丈夫。

場を盛り上げるツボ

13

あなたはどう思いますか？

一人一人に声をかけ、
みんなを輪に加える。

使用例

話題を振る。

・えーそうなんだ、あなたはどう思う？

・○○っていったら、きみもたしか地元だったよね？

・これはきみの得意分野だったよね？

輪から外れている人に声をかける。

・どう？楽しんでる？

・あなたにぜひ紹介したい方がいるんですが…

・あなたは、このことについてどう思いますか？

ポイント

■パーティーや飲み会、ミーティングなど、人が集まる場所ではなるべく多くの人に挨拶し、声をかけ、コミュニケーションをとる。

■固定メンバーだけで喋り続けないこと。

■とくに「輪に溶け込めない人」がいたら、その人に話題を振ったり、誰かを紹介する。

あなたは大勢の人の輪に率先して入っていけますか？それともいつも気おくれしてしまう方ですか？知り合いが誰もいないとつい緊張してかたくなり、腰がひけてしまう。そんな人も多いんじゃないでしょうか。

でもせっかくの集まりの場だから、なるべくたくさんの人と話したり、名刺を交換したりして、どんどん交流を深めたいものですよね。

まずは挨拶からはじめてみましょう。肩の力を抜いて、さわやかな笑顔で。あなたがガチガチだと、相手まで緊張させてしまいます。反対にあなたの方からリラックスすれば、相手の緊張をとくことができるんです。

そうやって何人かに声をかけたら、今度は「縁結びの役」を買って出ましょう。ひと声かけてあげるだけでいいんです。なかなか場の空気に溶け込めない人たちが、「喋りはじめるきっかけ」を待ち望んでいるはずです。

「あなたは、このことについてどう思いますか？」

「これはきみの得意分野だったよね？」

「あれ、この話で笑ったってことは、あなたも心当たりがあるんですね？」

こんな風に会話のチャンスを作っていくほどに、自然と場の中心人物になっていきます。

もしも状況的に声をかけにくかったら、せめて目で会釈するだけでもいいんです。「私はあなたのことを気にかけてますよ」という意思だけはしっかり伝えましょう。そんな些細なことも、誰かに勇気を与えることがあるからです。

遠慮がちな人ほど、喋りたがっている。

注目を集めるツボ

14

ねえ、これ知ってる？

「いい！」と感じたことは、
みんなに伝える。

使用例

○月○日
博多駅の近くにある□□亭でちゃんぽんを食べた。これが美味い！大当たりなのだ。またまた福岡へ来る楽しみ発見♪

○月○日
春になると目黒川沿いはスッゴイ桜だと聞いています。楽しみだな〜！
川沿いのカフェ「□□」に行けば、窓一面が桜になると思います。

○月○日
腰湯、塩湯、足湯、半身浴…。
だいたい20分くらい湯船につかっていると汗がダ〜ッて出る。なにしろ気持ちイイ！

※塩湯　海水や塩水を沸かした風呂

ポイント

■日常で「いい！」と感じたことを、まわりに言いふらす。インターネット上の日記に書いてもいい。
■あなたのまわりにいつも「耳寄りな情報」が漂っていること。

あのグループと遊んだら面白かった。あの映画は感動した。あのお店はカッコよかった。あの景色は素敵だった。あの料理はおいしかった。なんでも、自分が「いい！」と感じたことは、どんどん周囲に伝えましょう。

耳寄りな情報は人の力をアップさせます。感動したことを話すと、相手もエネルギッシュになります。

そして相手がその情報を別の人に伝えてくれれば、またその人がエネルギッシュになります。

それを繰り返すことで、あなたのまわりの人みんながエネルギッシュになっていきます。あなたが作った楽曲を、みんながカバーしてヒットしていく感じですね。

そうすると今度は反対に、あなたに会うとき「なにか面白い情報を持っていかなきゃ」という流れができてくる。放流した「いい！」は、たくさんの「いい！」を連れて戻ってきます。出し惜しみをしていたらもったいないです。

もちろん、相手が興味を持ってくれないこともありますが、「いい！」と感じた情報は時限爆弾のように、後になって相手の身の回りでブレイクするものです。

興味のなかった話題も知らなかった言葉も、たいてい聞いてから3日以内にまた話題にのぼります。不思議だけど、そういうものです。だから適当に聞き流されても気にしないで。

いつかどこかで、誰かに喜ばれるはずですから。

感動は熱いうちに伝える。

人をたてるツボ

15

○○さんから教わった

オリジナルじゃない場合は、
必ず引用元を明かす。

使用例

昔、○○さんに教わったあの店だけど…

あの人は以前、○○さんから御紹介いただいた方なんですが…

○○さんがキューピット役になってくれたおかげで、僕らはうまくいっています。

あの映画すごく面白かった！○○さんが薦めてくれたんだよ。

○○さんのやり方で試してみたらうまくいきました。

ポイント

■誰かから教わった情報、紹介してもらった人物のことを話すときは、必ず「○○さんから教わった（紹介してもらった）」と前置きする。

■「紹介して良かった」と感じてもらえるくらい、喜びと感謝の気持ちを伝える。

映画、本、音楽など、著作権が重要視される世界では、「この人がオリジナルですよ」ということを明かすコピーライト表示が一般的。日常生活の中でも、そういう意識を持つことは大切だと思います。人から聞いた情報、紹介してもらった人のことなどを第三者に話すときは、必ず「○○さんから教わった」と付け加えて、オリジナルの人に対して敬意を示しましょう。

これを怠ると、あとあと厄介なんです。○○さんから紹介してもらった人と、○○さんよりも親しくなったり、ビジネスに発展したときに、「ちぇなんだよ、あいつ勝手に」という雰囲気が出てくる。情報にしてもそうです。あなたに伝えてくれた人が、複雑な気持ちにならないように、つねに出所をハッキリさせる習慣を持ちましょう。

それから、教えてくれた本人にこまめに報告することも大事です。

「○○さん、先日は面白い人を紹介してくれてありがとうございます。昨日、あの人といっしょに食事したんですよ」

「○○さんがアドバイスをしてくれたおかげで、新しい企画を立ち上げることができました。本当にありがとうございます」

どんなに忙しくても、スジを通すのが最優先。相手があなたのことを気持ち良く自慢できるようになるくらいまで徹底しましょう。「自分のおかげで、この人はうまくいっている」と知って、嫌な気持ちになる人はいませんから。

いいことをした！と思ってもらう。

情報を集めるツボ(1)

16

語尾にクエスチョン

会話を「へえ」で終わらせない。

使用例

あなた「お仕事はなんですか？」
相手「出版社を経営しています」
あなた「え、どんな本を出版してるんですか？」
相手「特に基準はありません。僕らのフィーリングにさえ合えば、どんな著者の本でも出版します」
あなた「ほう、著者はみんな有名な方ですか？」
相手「そんなことありませんよ」
あなた「というと、僕でも本を出すチャンスはありますか？」
相手「もちろんです。ぜひ原稿を読ませてください」
あなた「いいんですか？じゃあ明日さっそく送ります！」

ポイント

■会話を「へえ」とか「ふうん」のような、気のないあいづちで終わらせない。
■インタビュー役に徹する。語尾に「？」マークをつける気持ちで。
■「ほお！」「なるほど！」という感じで、リアクションは軽やかに。

びっくりする話、感動する話、ためになる話…。

いつも耳寄りな情報を持っていて、みんなの関心を集める人がいます。

どうしたらあんなに魅力的な会話ができるんだろう。あるとき観察していて、わかったことがありました。それは、その人と話すと、こちらからつい耳寄り情報を教えたくなってしまうということ。つまり、話し方そのものが上手というより、「人に気持ちよく話をさせる」のが上手だということです。

あなたは会話のときどうですか。相手が話しているときに、「へえ」とか「ふうん」とか気のないあいづちを打っていませんか。または頭をボーッとさせていたり、「次はなにを話そうかな?」ってうわの空で考えていたりしませんか。

それでは、相手から耳寄りな情報を引き出せないし、こちらが話したこともちゃんと聞いてくれません。

まずは人と会ったら、すかさず聞き役に回ってみましょう。難しいことはなにも考えなくてＯＫです。すべての語尾に「?」マークをつけるように意識して、話題をふくらませることに集中しましょう。

たとえば

あなた「仕事はなにをなさってるんですか?」
相手　「食品関係です」
あなた「ふうん、そうですか」

では会話が終わってしまいます。

そこで、

あなた「ほお！食品関係っていうと、営業ですか？」
相手「いや、生産です」
あなた「生産って、なんの？」
相手「にわとりです」
あなた「にわとり！にわとりって、もしかして地鶏もありますか？」
相手「ありますよ」
あなた「あるんだ！その地鶏は社員割引で買えるんですか？」
相手「はい」
あなた「おお！じゃあこんど、僕にも譲ってくれますか？」
相手「いいですよ」
あなた「それはうれしいな！じゃあこんど注文できますか？」
相手「はい、ぜひよろしくお願いします」

　という感じで、思わぬ情報が手に入ることがあります。会話は聞き込めば聞き込むほど、自分も相手も楽しくなっていきます。

相手の世界にのめり込む。

情報を集めるツボ（2）

17

メモ帳といっしょ

ピンときたら、すかさず書く。

使用例

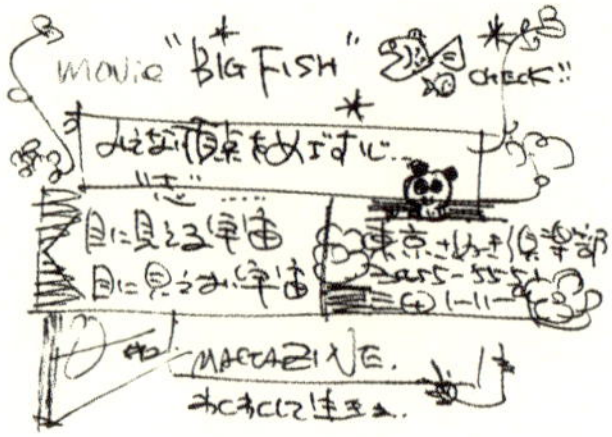

友だちからすすめられた本のタイトル、気になっている映画の公開日、会話の中で心に残ったフレーズ、行ってみたいお店の情報、明日までにやるべきことなど、なんでもメモる。

ポイント

■ひらめいたこと、覚えておきたいことはすべて文字にする。頭の中で覚えておこうとしないこと。
■一日の中に、じっくりメモ帳に書く時間、じっくりメモ帳を読む時間を作る。
■なにも書くことがなかったら、落書きをして楽しむのもいい。

自分の記憶力をアテにしちゃだめです。どんなに平凡な一日でも、必ず2つか3つは新しい情報やひらめきと出会うもの。それを絶対に逃さないこと。心に「ピン」ときたものはすべてメモに残しておきましょう。

たとえば友だちからすすめられた本のタイトル、気になっている映画の公開日、会話の中で心に残ったフレーズ、行ってみたいお店の情報、明日までにやるべきことなど、なんでもメモる。またふっと心に浮かんだもの、たとえば仕事のアイディアや、欲しい服のデザイン、自分へのアドバイス、あったら便利だと思うものなども、イメージがまだ鮮明なうちにすかさず書きとめます。

メモのチャンスはいつ訪れるかわかりません。移動中でもわざわざ立ち止まって、バッグからメモ帳を引っ張り出すくらいの手間を惜しまないように。たまたまメモ帳を持っていなかった場合は、携帯電話を使って自分のアドレスにメールを送るという方法もありますが、やっぱり手で直接書くのがおすすめ。書くときの「念」の入れ方が違うと思うからです。

またメモ帳は後で読み返すことで、いいことがいっぱいあります。
アイディアに詰まったとき、そこから有効なヒントを得られたり、いい気分転換にもなります。ある言葉の効果的な使い方や、興味をひく話の展開の仕方など、会話の表現力もどんどんアップします。一度ハマったら、メモって楽しいですよ。

記憶の積み重ねが、今日のあなた。

話をスムーズに切り出すツボ

18

どう感じているか

話す前に感じていたことを、
ありのまま言葉にする。

使用例

○いますごく緊張しています――
○うまく伝えられる自信がなくて、少し脅えています――
○誤解されたらどうしようと不安になっています――
○あなたの気分を害したくないと思っています――
○ひょっとしたら、もう知ってるかもしれないけど――
○話すかどうかずいぶん悩んでいる私がいます――

ポイント

■うまく話そうとせず、まず「自分はどう感じているか」を話す。
■自分が感じていることを、そのまま実況アナウンスする。

伝えたいことがあるのに、うまく伝えられそうもない。どうやったらうまく伝えられるか、考えれば考えるほど頭の中がゴチャゴチャになってくる。でも伝えるタイミングはいましかない。状況はどんどん苦しくなってくる…。

そんなときは、視点を「相手にどう伝えるか？」から「自分はどう感じているか？」に切り替えてみましょう。話しはじめる前に感じた戸惑いも含めて、それをありのまま言葉にしてみます。たとえばこんな感じです。

「いざ話そうとすると緊張してしまって、うまく言葉が見つかりません。何度も話すのはやめようかと思いましたがいましかチャンスがないんです。だから勇気を出して、思っていることを正直に話そうと思います」

すると「心の中にある言葉」と、「実際に話している言葉」とのバランスがとれて、話の流れがスムーズになっていきます。

話している途中でも「あれ？話がおかしな方向に転がっているな」と思ったら、そのたびに「自分はどう感じているか」を確認して、それを言葉にしてください。

「どう感じている？」と自分に聞く。

話に臨場感を持たせるツボ

19

映像トーク

頭の中で絵を描いてから話す。

使用例

○○さんから聞いた面白い話をしようとする。

⬇

話す前に、○○さんが身ぶり手ぶり話している様子を思い浮かべる。

⬇

相手に「○○さんの話、面白くてさー!」と話しながら、頭の中で○○さんの映像をトレースする。

ポイント

■話をするときも、聞くときも、その内容を頭の中で映像化する。
■いいものを見たら、よく観察するクセをつける。

自分の体験を相手に疑似体験させてしまうほどの、すごい話術を持った人がいます。まるでテレビのライブ中継を観ているようで、みんなをグイグイ自分の世界に引き込んでしまう。

そういう人はみんな、言葉の表現力が豊かなのでしょうか？美声の持ち主なんでしょうか？実はそうとも限りません。いい話し手にはいろんなタイプの人がいます。ただ共通して言えるのは、相手の頭の中に、「言葉」よりも情報量の多い「映像」を送り込んでいるんだということ。

これはとても簡単なことで、自分が話す前に、話の内容を頭の中でただ映像化するだけでOK。ある人から聞いた話を伝えるなら、その人の姿をできるだけ鮮明に思い浮かべる。どこかで見た美しい景色のことを伝えるなら、その美しい景色が頭の中に広がっているように。

たとえば「○○さんがそのとき、そう言ったんだよね」と話す前に、○○さんが身ぶり手ぶり話している姿を思い浮かべてみます。「あのとき見た夕陽は、本当に真っ赤だったよ」と話す前に、まぶたの裏にその夕陽を描いてみます。その状態で話すのと、頭をからっぽにした状態で話すのとでは、たとえ同じセリフを言っても、相手への伝わり方がまったく違う。いい話し手は頭に思い浮かべた映像を、ただ言葉に変換しているだけなんですね。

逆の場合も効果的です。相手の話を聞きながら、それを頭の中で映像化していくことで、お互いによく似た映像が思い浮かぶはずです。ぜひ試してみてください。

会話は言葉だけじゃない。

仕事を円滑にすすめるツボ

20

まずは飲みにいきましょう

その人との仕事が本格的になる前に、食事や遊びに誘う。

使用例

相手「このたび、新しく担当させていただくことになった者です。どうぞよろしくお願いいします」

あなた「よろしくお願いいします」

相手「では、さっそく近日中に新企画の打ち合わせのために伺いたいのですが」

あなた「かまいませんが…まずはその前にお食事でもいかがですか？」

ポイント

■新しく職場に入ってきた人、仕事で手を組むことになった人など、初めていっしょに仕事をする人とは、仕事が本格的になる前にまず食事や飲みに誘う。

■しばらくは交流を深めることを優先し、じょじょに仕事に取りかかっていく。

仕事の決め手はコミュニケーションです。

素晴らしい選手をそろえても試合に負けることがあります。それと同じように、技術や能力が高いスタッフと仕事をしても、いつもいい仕事ができるとは限りません。

職場の仲間と飲みましょう。仕事のパートナーと食事に行きましょう。取引先の人と遊びましょう。

とくに初めての人といっしょに仕事をする場合は、いきなり本題に入る前に、その人と「仲良くなる」ことが大切です。お互いのパーソナリティをよく理解し合うことで仕事の流れがよりスムーズになり、お互いの価値観や興味、言葉の使い方などを共有していくうちに、仕事のクオリティが驚くほどアップしていきます。

仕事を早く終わらせようとして、いつもすぐ仕事の話をはじめる。それが近道のようで、実は一番遠回りなんですね。

仲間になれば、仕事はあっという間。

空いた時間をいかすツボ

21 たまたま

イタズラ心で連絡してみる。

使用例

①イタズラ電話

ex　今日は火曜日だから「カ行」の人に電話してみよう。

②イタズラメール

ex　山田君にメールするつもりが、打ち損じて山崎君の名前が出てきた。そのままメールしちゃおう。

ポイント

■トイレに入っているとき、タクシーの移動中などの時間を使って、携帯電話のメモリ、メールのアドレス帳から誰かを見つける。

■この偶然には「きっとなにか意味がある」と思う。

■とくに用がなくても、気軽に「お元気ですか?」と連絡してみる。

仕事中のぽっかり空いた時間。移動中のぼんやりした時間。そういうふとした時間を使って、誰かに連絡してみましょう。

たとえばトイレに入っているとき、誰かにメールをしてみる。タクシーで移動しているとき、誰かに電話をかけてみる。

そのとき誰に連絡するかは運まかせです。今日は「あ行」の人だと決めたら、名前が「あ行」の人に電話をかけてみる。そして「ひさしぶり！とくに用はないんだけど、最近どうしてんの？」から話しはじめてみる。また、キーボードを適当にいじって出てきたアドレスの人にメールするのもおすすめ。アドレスを打ち損じて、たまたまヒットした人でもいいです。

そういう間違いや、フィーリングでヒットした名前にはきっとなにか意味がある。そう思って連絡を取ってみるとなかなか楽しいし、思わぬ結果をもたらしてくれることがあります。

ずっとニンジンばっかり植えていた畑で、空いた土地にたまたまピーマンを植えてみたら大豊作になった。そんなラッキーは、頭で考えて手に入るものじゃありません。

偶然のチカラを信じる。

人を好きになるツボ

22 プレゼント上手

ふだんから「あの人なら喜ぶかも」を意識する。

使用例

ある洋服屋で見つけたTシャツ
「これはあの人に似合うかも」

ある本屋で見つけた面白そうな小説
「2冊買って、本好きのあの人にも読んでもらおう」

ある雑貨屋で見つけたカップ
「最近引っ越したあの人にプレゼントしよう」

ポイント

■贈り物を趣味のひとつにする。ふだんから「あの人にあげたら喜ぶかも」という物を探す習慣を持つ。
■記念日にこだわらない。あげたいと思ったときにすぐあげる。

あの人の所に人気が集まる、お金が集まる、いい仕事が集まる。

そういう人はプレゼント好きな人が多いです。誕生日やクリスマスのような特別な日じゃない日に、誰かに贈り物をする。すると贈られた相手も、予想外のことにびっくりして喜ぶ。その「びっくりして喜ぶ」顔を見るのが好きなんですね。

プレゼント好きな人は、ショッピングの途中でも、旅行中でも、「あの人が使ったら便利かも」「世界が広がるかも」「似合うかも」「熱中するかも」…という物を探し続けています。だからプレゼントの内容も、それを贈る態度も自然だし、相手も素直に受け取ってくれるんです。

あなたも贈り物をひとつの趣味にしてみませんか。自分の興味の対象も広がるし、「誰かを感動させるゲーム」だと思うとすごく楽しいものです。

もしもなにをプレゼントしたらいいかわからないときは、後に残らないものがいいですね。たとえば食べ物やお花を贈ることからはじめてみてはいかがでしょうか。

人の喜ぶ顔はクセになる。

常連さんになるツボ

23

あ、どうも

目で「あなたのことを知ってますよ」というサインを送る。

使用例

来店1回目
自分と気の合いそうな店員さんを見つける。

来店2回目
気の合いそうな店員さんに目で会釈する。

来店3回目
気の合いそうな店員さんに目で会釈し、「こないだはどうも」と言葉を添える。

……

来店○回目
店員さんの方から声をかけてもらう。

ポイント

■お気に入りのお店を見つけたら、自分と気の合いそうな店員さんを探す。
■その店員さんに「あ、どうも！」という表情、態度を示す。

自分が気に入っているカフェ、レストラン、飲み屋、服のショップなどに、ちゃんと自分のことを覚えてくれている店員さんがいたら嬉しい。そこのお店を訪れたときに、必ず「あ！○○さん」と声をかけてくれるような人。こういう人がひとりでもいれば楽しいし、いろいろと便宜をはかってくれたりもする。まさに「居心地のいいお店」として、普通のお客さんでは得られない喜びがあります。

もちろん何回も通っているうちに、自然と顔なじみになる場合もあります。でも意図的に「顔なじみ」になることができれば、もっとたくさんの「居心地のいいお店」を持つことができます。そのための方法のひとつが「あなたのこと知ってますよ」サインなんです。

まずは気の合いそうな店員さんを見つけてください。そして次にまたそのお店を訪れたとき、こんどはその人に目で会釈します。もちろん「こないだはどうも」とか「今日もいらっしゃったんですね」みたいな感じで軽く言葉を添えてもいいです。それを何度か続けているうちに、向こうの方から「あ、どうも」という声がかかるでしょう。ここから、そのお店との新しいお付き合いがはじまっていくんです。

「あ、あの人だ」って気づいてもらう。

人を集めるツボ

24

この指とまれ!

なんでもないことを、
イベントに変える。

使用例

ひとりで映画を観る

➡ **「みんなで観ない？」**と声をかけて映画観賞会を開く

会社の同僚とランチをする

➡ **「パワーランチしない？」**と声をかけて異業種の人も集める

友だちと二人で飲む

➡ **「鍋しない？」**と声をかけていろんな友だちを集める

※パワーランチ　起業家が投資家と一緒にランチを食べながら、プレゼンテーションをすること。米国のシリコンバレーではじまり、世界的に広まった。

ポイント

■食事、映画観賞、スポーツ観戦など、ひとりまたは少人数でできることを、あえて大勢の人に声をかけて「イベント化」してみる。

■単調でつまらない作業も、ゲーム化することで人を巻き込み、楽しんでしまう。

ちょっとしたことでも、「〇〇会」「〇〇パーティー」と名づけるだけで、仲間を集めるきっかけになります。発想しだいでどんなことでもイベント化できます。

たとえば今日、家に帰ってひとりで映画を観る予定だったとします。それをみんなに「今日うちで映画観賞会やろうと思うんだけど」と声をかけることで、ひとつのイベントになります。「今晩いっしょにご飯食べない？」よりも、「いろんな人を集めて鍋にしない？」と言い出した方が盛り上がります。またあまり面白みのない単純な仕事も、まわりのスタッフに「スピード勝負しない？」と持ちかけることで楽しいゲームになります。

みんないつでも楽しいことを求めています。選択肢が複数あれば、人はより楽しそうな方に流れていく。

「○○したい人、この指とまれ！」という子どものまわりには、仲間がいっぱい集まってきます。大人だってきっと同じこと。ふだんからいろんな遊びを提案しているうちに、その人を中心とした輪ができていくでしょう。そこには運も、エネルギーも、情報もみんな集まってくるんです。

人を集めるチャンスは、毎日ある。

魅力をあげるツボ

25

一日、一たのしみ

カレンダーの一日一日に、「この日の楽しみ」を書き込む。

使用例

○彼女を誘ってライブを観に行く
○友だちの家に泊まりに行く
○家族と焼肉を食べに行く
○旧友に声をかけて飲み会を開く
○気になっていたビデオを借りて帰る

ポイント

■週明けにカレンダーまたはスケジュール帳をチェックして、この一週間は毎日「楽しいこと」があるかどうかチェックする。
■なにもなさそうな日には、先に「楽しいこと」を仕込んでおく。誰かと美味しいものを食べに行く、欲しかった物を買う、イベントを計画する…なんでもOK。

結局、魅力がある人というのは、毎日を楽しそうに過ごしている人だと思います。

一年365日、いつもなにかにワクワクし、目を輝かせている人。そういう人はまわりが放っておきません。

「どうして毎日楽しくないんだろう…」とぼやいている人は、思い出してみてください。人生は「今日」の集合体です。あなたはまさに「今日」、自分が楽しめるように工夫していますか？

カレンダーを見て、今週の予定をチェックしてみましょう。そして「この日は楽しそう」か「この日は楽しくなさそう」かで振り分ける。楽しくなさそうな日には、なにかひとつ「楽しみ」な予定を書き入れる。

もちろん、平凡な一日も、疲れっぱなしの一日も、精神的プレッシャーの強い一日もあります。でも、一日一日にちゃんと「楽しみ」を仕込めば、いつだって明日が待ち遠しくなる。だからいつも元気でいられるし、まわりの人にも元気を分け与えることができる。人生はその繰り返しです。

みんなもともとは余暇を楽しく、充実させるために仕事をしていました。それがいつの間にか、「仕事で疲れた体を休めるためだけ」に余暇を使うようになってきました。遊んでなんかいられない。もっと一生懸命働かなければって。でもそんな毎日が続いていたら、いったいいつ「楽しむ」日が来るんでしょうか。いつか人生を振り返ったとき「なんのための人生だったんだろう?」って後悔するのは悲しいことです。

自分はなぜ毎日忙しくしてるのか。それを忘れないでください。自分に「なぜ?」と問いかけることで、明日やるべきことが見えてくるはずです。

「明日が楽しみ!」と言える毎日。

『気くばりのツボ』はいかがだったでしょうか？

昨日までの自分に「なにか」を加えることで、明日からの自分は新しくなっていきます。新しくなった自分は、新しい未来を作り出すことができます。新しい未来を作り出すことは快感です。気くばりを変えてみることが、そのきっかけになるかもしれません。

この本を、あなたの側に置いてくださったことに感謝します。

山﨑拓巳

1965年三重県生まれ。広島大学教育学部中退。FCA。エッセイスト、画家、イラストレーターとして幅広い分野で活躍中。1999年、NY・SOHOにて初めての絵画個展『parallel world』を開催。人の生きる営みをストレートにとらえた作風が、国内外を問わず高い評価を得ている。主な著作に『人生はかなりピクニック』『ポケット成功術』『魔法のドリル』など。2005年3月、東京・中目黒にgallery＆cafe“meme（ミーム）”をオープン。

【山﨑拓巳・公式サイト】　http://www.taku.gr.jp

気くばりのツボ
2005年6月22日　初版発行
2006年11月11日　第十四刷発行

著　山﨑拓巳

装幀・デザイン　井上新八
発行者　鶴巻謙介
発行／発売　株式会社サンクチュアリ・パブリッシング
（サンクチュアリ出版）
東京都新宿区荒木町13-9 サンワールド四谷ビル
〒160-0007
TEL 03-5369-2535／FAX 03-5369-2536
URL：http://www.sanctuarybooks.jp/（携帯電話にも対応）
E-mail：info@sanctuarybooks.jp

印刷／製本　中央精版印刷株式会社

定価およびISBNコードはカバーに記載してあります。
落丁本・乱丁本は送料小社負担にてお取替えいたします。